This Appointment Book Belongs To:

_____

Week of ___ / ___

TIME		MONDAY	TUESDAY	WEDNESDAY	THURSDAY
8 AM	:00				
	:15				
	:30				
	:45				
9 AM	:00				
	:15				
	:30				full /sarah
	:45				
10 AM	:00				
	:15				
	:30				
	:45				
11 AM	:00				
	:15				
	:30				
	:45				
12 PM	:00				full /chealsea
	:15				
	:30				
	:45				
1 PM	:00				
	:15				
	:30				
	:45				
2 PM	:00				
	:15				
	:30				
	:45				
3 PM	:00	set /Barbara			set /ashley
	:15				
	:30				
	:45				
4 PM	:00				
	:15				
	:30				
	:45				
5 PM	:00				
	:15				
	:30				
	:45				
6 PM	:00				
	:15				
	:30				
	:45				
7 PM	:00				
	:15				
	:30				
	:45				

Week of ___ / ___

TIME		FRIDAY	SATURDAY	SUNDAY	NOTES
8 AM	:00				
	:15				
	:30				
	:45				
9 AM	:00				
	:15				
	:30	full /larissa			
	:45				
10 AM	:00				
	:15				
	:30				
	:45				
11 AM	:00				
	:15				
	:30				
	:45				
12 PM	:00	set /lissette			
	:15				
	:30				
	:45				
1 PM	:00				
	:15				
	:30				
	:45				
2 PM	:00				
	:15				
	:30				
	:45				
3 PM	:00				
	:15				
	:30				
	:45				
4 PM	:00				
	:15				
	:30				
	:45				
5 PM	:00				
	:15				
	:30				
	:45				
6 PM	:00				
	:15				
	:30				
	:45				
7 PM	:00				
	:15				
	:30				
	:45				

Week of ___ / ___

TIME		MONDAY	TUESDAY	WEDNESDAY	THURSDAY
8 AM	:00				
	:15				
	:30				
	:45				
9 AM	:00				
	:15				
	:30				
	:45				
10 AM	:00				
	:15				
	:30				
	:45				
11 AM	:00				
	:15				
	:30				
	:45				
12 PM	:00				
	:15				
	:30				
	:45				
1 PM	:00				
	:15				
	:30				
	:45				
2 PM	:00				
	:15				
	:30				
	:45				
3 PM	:00				
	:15				
	:30				
	:45				
4 PM	:00				
	:15				
	:30				
	:45				
5 PM	:00				
	:15				
	:30				
	:45				
6 PM	:00				
	:15				
	:30				
	:45				
7 PM	:00				
	:15				
	:30				
	:45				

Week of ___ / ___

TIME		FRIDAY	SATURDAY	SUNDAY	NOTES
8 AM	:00				
	:15				
	:30				
	:45				
9 AM	:00				
	:15				
	:30				
	:45				
10 AM	:00				
	:15				
	:30				
	:45				
11 AM	:00				
	:15				
	:30				
	:45				
12 PM	:00				
	:15				
	:30				
	:45				
1 PM	:00				
	:15				
	:30				
	:45				
2 PM	:00				
	:15				
	:30				
	:45				
3 PM	:00				
	:15				
	:30				
	:45				
4 PM	:00				
	:15				
	:30				
	:45				
5 PM	:00				
	:15				
	:30				
	:45				
6 PM	:00				
	:15				
	:30				
	:45				
7 PM	:00				
	:15				
	:30				
	:45				

Week of ___ / ___

TIME		MONDAY	TUESDAY	WEDNESDAY	THURSDAY
8 AM	:00				
	:15				
	:30				
	:45				
9 AM	:00				
	:15				
	:30				
	:45				
10 AM	:00				
	:15				
	:30				
	:45				
11 AM	:00				
	:15				
	:30				
	:45				
12 PM	:00				
	:15				
	:30				
	:45				
1 PM	:00				
	:15				
	:30				
	:45				
2 PM	:00				
	:15				
	:30				
	:45				
3 PM	:00				
	:15				
	:30				
	:45				
4 PM	:00				
	:15				
	:30				
	:45				
5 PM	:00				
	:15				
	:30				
	:45				
6 PM	:00				
	:15				
	:30				
	:45				
7 PM	:00				
	:15				
	:30				
	:45				

Week of ___ / ___

TIME		FRIDAY	SATURDAY	SUNDAY	NOTES
8 AM	:00				
	:15				
	:30				
	:45				
9 AM	:00				
	:15				
	:30				
	:45				
10 AM	:00				
	:15				
	:30				
	:45				
11 AM	:00				
	:15				
	:30				
	:45				
12 PM	:00				
	:15				
	:30				
	:45				
1 PM	:00				
	:15				
	:30				
	:45				
2 PM	:00				
	:15				
	:30				
	:45				
3 PM	:00				
	:15				
	:30				
	:45				
4 PM	:00				
	:15				
	:30				
	:45				
5 PM	:00				
	:15				
	:30				
	:45				
6 PM	:00				
	:15				
	:30				
	:45				
7 PM	:00				
	:15				
	:30				
	:45				

Week of ___ / ___

TIME		MONDAY	TUESDAY	WEDNESDAY	THURSDAY
8 AM	:00				
	:15				
	:30				
	:45				
9 AM	:00				
	:15				
	:30				
	:45				
10 AM	:00				
	:15				
	:30				
	:45				
11 AM	:00				
	:15				
	:30				
	:45				
12 PM	:00				
	:15				
	:30				
	:45				
1 PM	:00				
	:15				
	:30				
	:45				
2 PM	:00				
	:15				
	:30				
	:45				
3 PM	:00				
	:15				
	:30				
	:45				
4 PM	:00				
	:15				
	:30				
	:45				
5 PM	:00				
	:15				
	:30				
	:45				
6 PM	:00				
	:15				
	:30				
	:45				
7 PM	:00				
	:15				
	:30				
	:45				

Week of ___ / ___

TIME		FRIDAY	SATURDAY	SUNDAY	NOTES
8 AM	:00				
	:15				
	:30				
	:45				
9 AM	:00				
	:15				
	:30				
	:45				
10 AM	:00				
	:15				
	:30				
	:45				
11 AM	:00				
	:15				
	:30				
	:45				
12 PM	:00				
	:15				
	:30				
	:45				
1 PM	:00				
	:15				
	:30				
	:45				
2 PM	:00				
	:15				
	:30				
	:45				
3 PM	:00				
	:15				
	:30				
	:45				
4 PM	:00				
	:15				
	:30				
	:45				
5 PM	:00				
	:15				
	:30				
	:45				
6 PM	:00				
	:15				
	:30				
	:45				
7 PM	:00				
	:15				
	:30				
	:45				

Week of ___ / ___

TIME		MONDAY	TUESDAY	WEDNESDAY	THURSDAY
8 AM	:00				
	:15				
	:30				
	:45				
9 AM	:00				
	:15				
	:30				
	:45				
10 AM	:00				
	:15				
	:30				
	:45				
11 AM	:00				
	:15				
	:30				
	:45				
12 PM	:00				
	:15				
	:30				
	:45				
1 PM	:00				
	:15				
	:30				
	:45				
2 PM	:00				
	:15				
	:30				
	:45				
3 PM	:00				
	:15				
	:30				
	:45				
4 PM	:00				
	:15				
	:30				
	:45				
5 PM	:00				
	:15				
	:30				
	:45				
6 PM	:00				
	:15				
	:30				
	:45				
7 PM	:00				
	:15				
	:30				
	:45				

Week of ___ / ___

TIME		FRIDAY	SATURDAY	SUNDAY	NOTES
8 AM	:00				
	:15				
	:30				
	:45				
9 AM	:00				
	:15				
	:30				
	:45				
10 AM	:00				
	:15				
	:30				
	:45				
11 AM	:00				
	:15				
	:30				
	:45				
12 PM	:00				
	:15				
	:30				
	:45				
1 PM	:00				
	:15				
	:30				
	:45				
2 PM	:00				
	:15				
	:30				
	:45				
3 PM	:00				
	:15				
	:30				
	:45				
4 PM	:00				
	:15				
	:30				
	:45				
5 PM	:00				
	:15				
	:30				
	:45				
6 PM	:00				
	:15				
	:30				
	:45				
7 PM	:00				
	:15				
	:30				
	:45				

Week of ___ / ___

TIME		MONDAY	TUESDAY	WEDNESDAY	THURSDAY
8 AM	:00				
	:15				
	:30				
	:45				
9 AM	:00				
	:15				
	:30				
	:45				
10 AM	:00				
	:15				
	:30				
	:45				
11 AM	:00				
	:15				
	:30				
	:45				
12 PM	:00				
	:15				
	:30				
	:45				
1 PM	:00				
	:15				
	:30				
	:45				
2 PM	:00				
	:15				
	:30				
	:45				
3 PM	:00				
	:15				
	:30				
	:45				
4 PM	:00				
	:15				
	:30				
	:45				
5 PM	:00				
	:15				
	:30				
	:45				
6 PM	:00				
	:15				
	:30				
	:45				
7 PM	:00				
	:15				
	:30				
	:45				

Week of ___ / ___

TIME		FRIDAY	SATURDAY	SUNDAY	NOTES
8 AM	:00				
	:15				
	:30				
	:45				
9 AM	:00				
	:15				
	:30				
	:45				
10 AM	:00				
	:15				
	:30				
	:45				
11 AM	:00				
	:15				
	:30				
	:45				
12 PM	:00				
	:15				
	:30				
	:45				
1 PM	:00				
	:15				
	:30				
	:45				
2 PM	:00				
	:15				
	:30				
	:45				
3 PM	:00				
	:15				
	:30				
	:45				
4 PM	:00				
	:15				
	:30				
	:45				
5 PM	:00				
	:15				
	:30				
	:45				
6 PM	:00				
	:15				
	:30				
	:45				
7 PM	:00				
	:15				
	:30				
	:45				

Week of ___ / ___

TIME		MONDAY	TUESDAY	WEDNESDAY	THURSDAY
8 AM	:00				
	:15				
	:30				
	:45				
9 AM	:00				
	:15				
	:30				
	:45				
10 AM	:00				
	:15				
	:30				
	:45				
11 AM	:00				
	:15				
	:30				
	:45				
12 PM	:00				
	:15				
	:30				
	:45				
1 PM	:00				
	:15				
	:30				
	:45				
2 PM	:00				
	:15				
	:30				
	:45				
3 PM	:00				
	:15				
	:30				
	:45				
4 PM	:00				
	:15				
	:30				
	:45				
5 PM	:00				
	:15				
	:30				
	:45				
6 PM	:00				
	:15				
	:30				
	:45				
7 PM	:00				
	:15				
	:30				
	:45				

Week of ___ / ___

TIME		FRIDAY	SATURDAY	SUNDAY	NOTES
8 AM	:00				
	:15				
	:30				
	:45				
9 AM	:00				
	:15				
	:30				
	:45				
10 AM	:00				
	:15				
	:30				
	:45				
11 AM	:00				
	:15				
	:30				
	:45				
12 PM	:00				
	:15				
	:30				
	:45				
1 PM	:00				
	:15				
	:30				
	:45				
2 PM	:00				
	:15				
	:30				
	:45				
3 PM	:00				
	:15				
	:30				
	:45				
4 PM	:00				
	:15				
	:30				
	:45				
5 PM	:00				
	:15				
	:30				
	:45				
6 PM	:00				
	:15				
	:30				
	:45				
7 PM	:00				
	:15				
	:30				
	:45				

Week of ___ / ___

TIME		MONDAY	TUESDAY	WEDNESDAY	THURSDAY
8 AM	:00				
	:15				
	:30				
	:45				
9 AM	:00				
	:15				
	:30				
	:45				
10 AM	:00				
	:15				
	:30				
	:45				
11 AM	:00				
	:15				
	:30				
	:45				
12 PM	:00				
	:15				
	:30				
	:45				
1 PM	:00				
	:15				
	:30				
	:45				
2 PM	:00				
	:15				
	:30				
	:45				
3 PM	:00				
	:15				
	:30				
	:45				
4 PM	:00				
	:15				
	:30				
	:45				
5 PM	:00				
	:15				
	:30				
	:45				
6 PM	:00				
	:15				
	:30				
	:45				
7 PM	:00				
	:15				
	:30				
	:45				

Week of ___ / ___

TIME		FRIDAY	SATURDAY	SUNDAY	NOTES
8 AM	:00				
	:15				
	:30				
	:45				
9 AM	:00				
	:15				
	:30				
	:45				
10 AM	:00				
	:15				
	:30				
	:45				
11 AM	:00				
	:15				
	:30				
	:45				
12 PM	:00				
	:15				
	:30				
	:45				
1 PM	:00				
	:15				
	:30				
	:45				
2 PM	:00				
	:15				
	:30				
	:45				
3 PM	:00				
	:15				
	:30				
	:45				
4 PM	:00				
	:15				
	:30				
	:45				
5 PM	:00				
	:15				
	:30				
	:45				
6 PM	:00				
	:15				
	:30				
	:45				
7 PM	:00				
	:15				
	:30				
	:45				

Week of ___ / ___

TIME		MONDAY	TUESDAY	WEDNESDAY	THURSDAY
8 AM	:00				
	:15				
	:30				
	:45				
9 AM	:00				
	:15				
	:30				
	:45				
10 AM	:00				
	:15				
	:30				
	:45				
11 AM	:00				
	:15				
	:30				
	:45				
12 PM	:00				
	:15				
	:30				
	:45				
1 PM	:00				
	:15				
	:30				
	:45				
2 PM	:00				
	:15				
	:30				
	:45				
3 PM	:00				
	:15				
	:30				
	:45				
4 PM	:00				
	:15				
	:30				
	:45				
5 PM	:00				
	:15				
	:30				
	:45				
6 PM	:00				
	:15				
	:30				
	:45				
7 PM	:00				
	:15				
	:30				
	:45				

Week of ___ / ___

TIME		FRIDAY	SATURDAY	SUNDAY	NOTES
8 AM	:00				
	:15				
	:30				
	:45				
9 AM	:00				
	:15				
	:30				
	:45				
10 AM	:00				
	:15				
	:30				
	:45				
11 AM	:00				
	:15				
	:30				
	:45				
12 PM	:00				
	:15				
	:30				
	:45				
1 PM	:00				
	:15				
	:30				
	:45				
2 PM	:00				
	:15				
	:30				
	:45				
3 PM	:00				
	:15				
	:30				
	:45				
4 PM	:00				
	:15				
	:30				
	:45				
5 PM	:00				
	:15				
	:30				
	:45				
6 PM	:00				
	:15				
	:30				
	:45				
7 PM	:00				
	:15				
	:30				
	:45				

Week of ___ / ___

TIME		MONDAY	TUESDAY	WEDNESDAY	THURSDAY
8 AM	:00				
	:15				
	:30				
	:45				
9 AM	:00				
	:15				
	:30				
	:45				
10 AM	:00				
	:15				
	:30				
	:45				
11 AM	:00				
	:15				
	:30				
	:45				
12 PM	:00				
	:15				
	:30				
	:45				
1 PM	:00				
	:15				
	:30				
	:45				
2 PM	:00				
	:15				
	:30				
	:45				
3 PM	:00				
	:15				
	:30				
	:45				
4 PM	:00				
	:15				
	:30				
	:45				
5 PM	:00				
	:15				
	:30				
	:45				
6 PM	:00				
	:15				
	:30				
	:45				
7 PM	:00				
	:15				
	:30				
	:45				

Week of ___ / ___

TIME		FRIDAY	SATURDAY	SUNDAY	NOTES
8 AM	:00				
	:15				
	:30				
	:45				
9 AM	:00				
	:15				
	:30				
	:45				
10 AM	:00				
	:15				
	:30				
	:45				
11 AM	:00				
	:15				
	:30				
	:45				
12 PM	:00				
	:15				
	:30				
	:45				
1 PM	:00				
	:15				
	:30				
	:45				
2 PM	:00				
	:15				
	:30				
	:45				
3 PM	:00				
	:15				
	:30				
	:45				
4 PM	:00				
	:15				
	:30				
	:45				
5 PM	:00				
	:15				
	:30				
	:45				
6 PM	:00				
	:15				
	:30				
	:45				
7 PM	:00				
	:15				
	:30				
	:45				

Week of ___ / ___

TIME		MONDAY	TUESDAY	WEDNESDAY	THURSDAY
8 AM	:00				
	:15				
	:30				
	:45				
9 AM	:00				
	:15				
	:30				
	:45				
10 AM	:00				
	:15				
	:30				
	:45				
11 AM	:00				
	:15				
	:30				
	:45				
12 PM	:00				
	:15				
	:30				
	:45				
1 PM	:00				
	:15				
	:30				
	:45				
2 PM	:00				
	:15				
	:30				
	:45				
3 PM	:00				
	:15				
	:30				
	:45				
4 PM	:00				
	:15				
	:30				
	:45				
5 PM	:00				
	:15				
	:30				
	:45				
6 PM	:00				
	:15				
	:30				
	:45				
7 PM	:00				
	:15				
	:30				
	:45				

Week of ___ / ___

TIME		FRIDAY	SATURDAY	SUNDAY	NOTES
8 AM	:00				
	:15				
	:30				
	:45				
9 AM	:00				
	:15				
	:30				
	:45				
10 AM	:00				
	:15				
	:30				
	:45				
11 AM	:00				
	:15				
	:30				
	:45				
12 PM	:00				
	:15				
	:30				
	:45				
1 PM	:00				
	:15				
	:30				
	:45				
2 PM	:00				
	:15				
	:30				
	:45				
3 PM	:00				
	:15				
	:30				
	:45				
4 PM	:00				
	:15				
	:30				
	:45				
5 PM	:00				
	:15				
	:30				
	:45				
6 PM	:00				
	:15				
	:30				
	:45				
7 PM	:00				
	:15				
	:30				
	:45				

Week of ___ / ___

TIME		MONDAY	TUESDAY	WEDNESDAY	THURSDAY
8 AM	:00				
	:15				
	:30				
	:45				
9 AM	:00				
	:15				
	:30				
	:45				
10 AM	:00				
	:15				
	:30				
	:45				
11 AM	:00				
	:15				
	:30				
	:45				
12 PM	:00				
	:15				
	:30				
	:45				
1 PM	:00				
	:15				
	:30				
	:45				
2 PM	:00				
	:15				
	:30				
	:45				
3 PM	:00				
	:15				
	:30				
	:45				
4 PM	:00				
	:15				
	:30				
	:45				
5 PM	:00				
	:15				
	:30				
	:45				
6 PM	:00				
	:15				
	:30				
	:45				
7 PM	:00				
	:15				
	:30				
	:45				

Week of ___ / ___

TIME		FRIDAY	SATURDAY	SUNDAY	NOTES
8 AM	:00				
	:15				
	:30				
	:45				
9 AM	:00				
	:15				
	:30				
	:45				
10 AM	:00				
	:15				
	:30				
	:45				
11 AM	:00				
	:15				
	:30				
	:45				
12 PM	:00				
	:15				
	:30				
	:45				
1 PM	:00				
	:15				
	:30				
	:45				
2 PM	:00				
	:15				
	:30				
	:45				
3 PM	:00				
	:15				
	:30				
	:45				
4 PM	:00				
	:15				
	:30				
	:45				
5 PM	:00				
	:15				
	:30				
	:45				
6 PM	:00				
	:15				
	:30				
	:45				
7 PM	:00				
	:15				
	:30				
	:45				

Week of ___ / ___

TIME		MONDAY	TUESDAY	WEDNESDAY	THURSDAY
8 AM	:00				
	:15				
	:30				
	:45				
9 AM	:00				
	:15				
	:30				
	:45				
10 AM	:00				
	:15				
	:30				
	:45				
11 AM	:00				
	:15				
	:30				
	:45				
12 PM	:00				
	:15				
	:30				
	:45				
1 PM	:00				
	:15				
	:30				
	:45				
2 PM	:00				
	:15				
	:30				
	:45				
3 PM	:00				
	:15				
	:30				
	:45				
4 PM	:00				
	:15				
	:30				
	:45				
5 PM	:00				
	:15				
	:30				
	:45				
6 PM	:00				
	:15				
	:30				
	:45				
7 PM	:00				
	:15				
	:30				
	:45				

Week of ___ / ___

TIME		FRIDAY	SATURDAY	SUNDAY	NOTES
8 AM	:00				
	:15				
	:30				
	:45				
9 AM	:00				
	:15				
	:30				
	:45				
10 AM	:00				
	:15				
	:30				
	:45				
11 AM	:00				
	:15				
	:30				
	:45				
12 PM	:00				
	:15				
	:30				
	:45				
1 PM	:00				
	:15				
	:30				
	:45				
2 PM	:00				
	:15				
	:30				
	:45				
3 PM	:00				
	:15				
	:30				
	:45				
4 PM	:00				
	:15				
	:30				
	:45				
5 PM	:00				
	:15				
	:30				
	:45				
6 PM	:00				
	:15				
	:30				
	:45				
7 PM	:00				
	:15				
	:30				
	:45				

Week of ___ / ___

TIME		MONDAY	TUESDAY	WEDNESDAY	THURSDAY
8 AM	:00				
	:15				
	:30				
	:45				
9 AM	:00				
	:15				
	:30				
	:45				
10 AM	:00				
	:15				
	:30				
	:45				
11 AM	:00				
	:15				
	:30				
	:45				
12 PM	:00				
	:15				
	:30				
	:45				
1 PM	:00				
	:15				
	:30				
	:45				
2 PM	:00				
	:15				
	:30				
	:45				
3 PM	:00				
	:15				
	:30				
	:45				
4 PM	:00				
	:15				
	:30				
	:45				
5 PM	:00				
	:15				
	:30				
	:45				
6 PM	:00				
	:15				
	:30				
	:45				
7 PM	:00				
	:15				
	:30				
	:45				

Week of ___ / ___

TIME		FRIDAY	SATURDAY	SUNDAY	NOTES
8 AM	:00				
	:15				
	:30				
	:45				
9 AM	:00				
	:15				
	:30				
	:45				
10 AM	:00				
	:15				
	:30				
	:45				
11 AM	:00				
	:15				
	:30				
	:45				
12 PM	:00				
	:15				
	:30				
	:45				
1 PM	:00				
	:15				
	:30				
	:45				
2 PM	:00				
	:15				
	:30				
	:45				
3 PM	:00				
	:15				
	:30				
	:45				
4 PM	:00				
	:15				
	:30				
	:45				
5 PM	:00				
	:15				
	:30				
	:45				
6 PM	:00				
	:15				
	:30				
	:45				
7 PM	:00				
	:15				
	:30				
	:45				

Week of ___ / ___

TIME		MONDAY	TUESDAY	WEDNESDAY	THURSDAY
8 AM	:00				
	:15				
	:30				
	:45				
9 AM	:00				
	:15				
	:30				
	:45				
10 AM	:00				
	:15				
	:30				
	:45				
11 AM	:00				
	:15				
	:30				
	:45				
12 PM	:00				
	:15				
	:30				
	:45				
1 PM	:00				
	:15				
	:30				
	:45				
2 PM	:00				
	:15				
	:30				
	:45				
3 PM	:00				
	:15				
	:30				
	:45				
4 PM	:00				
	:15				
	:30				
	:45				
5 PM	:00				
	:15				
	:30				
	:45				
6 PM	:00				
	:15				
	:30				
	:45				
7 PM	:00				
	:15				
	:30				
	:45				

Week of ___ / ___

TIME		FRIDAY	SATURDAY	SUNDAY	NOTES
8 AM	:00				
	:15				
	:30				
	:45				
9 AM	:00				
	:15				
	:30				
	:45				
10 AM	:00				
	:15				
	:30				
	:45				
11 AM	:00				
	:15				
	:30				
	:45				
12 PM	:00				
	:15				
	:30				
	:45				
1 PM	:00				
	:15				
	:30				
	:45				
2 PM	:00				
	:15				
	:30				
	:45				
3 PM	:00				
	:15				
	:30				
	:45				
4 PM	:00				
	:15				
	:30				
	:45				
5 PM	:00				
	:15				
	:30				
	:45				
6 PM	:00				
	:15				
	:30				
	:45				
7 PM	:00				
	:15				
	:30				
	:45				

Week of ___ / ___

TIME		MONDAY	TUESDAY	WEDNESDAY	THURSDAY
8 AM	:00				
	:15				
	:30				
	:45				
9 AM	:00				
	:15				
	:30				
	:45				
10 AM	:00				
	:15				
	:30				
	:45				
11 AM	:00				
	:15				
	:30				
	:45				
12 PM	:00				
	:15				
	:30				
	:45				
1 PM	:00				
	:15				
	:30				
	:45				
2 PM	:00				
	:15				
	:30				
	:45				
3 PM	:00				
	:15				
	:30				
	:45				
4 PM	:00				
	:15				
	:30				
	:45				
5 PM	:00				
	:15				
	:30				
	:45				
6 PM	:00				
	:15				
	:30				
	:45				
7 PM	:00				
	:15				
	:30				
	:45				

Week of ___ / ___

TIME		FRIDAY	SATURDAY	SUNDAY	NOTES
8 AM	:00				
	:15				
	:30				
	:45				
9 AM	:00				
	:15				
	:30				
	:45				
10 AM	:00				
	:15				
	:30				
	:45				
11 AM	:00				
	:15				
	:30				
	:45				
12 PM	:00				
	:15				
	:30				
	:45				
1 PM	:00				
	:15				
	:30				
	:45				
2 PM	:00				
	:15				
	:30				
	:45				
3 PM	:00				
	:15				
	:30				
	:45				
4 PM	:00				
	:15				
	:30				
	:45				
5 PM	:00				
	:15				
	:30				
	:45				
6 PM	:00				
	:15				
	:30				
	:45				
7 PM	:00				
	:15				
	:30				
	:45				

Week of ___ / ___

TIME		MONDAY	TUESDAY	WEDNESDAY	THURSDAY
8 AM	:00				
	:15				
	:30				
	:45				
9 AM	:00				
	:15				
	:30				
	:45				
10 AM	:00				
	:15				
	:30				
	:45				
11 AM	:00				
	:15				
	:30				
	:45				
12 PM	:00				
	:15				
	:30				
	:45				
1 PM	:00				
	:15				
	:30				
	:45				
2 PM	:00				
	:15				
	:30				
	:45				
3 PM	:00				
	:15				
	:30				
	:45				
4 PM	:00				
	:15				
	:30				
	:45				
5 PM	:00				
	:15				
	:30				
	:45				
6 PM	:00				
	:15				
	:30				
	:45				
7 PM	:00				
	:15				
	:30				
	:45				

Week of ___ / ___

TIME		FRIDAY	SATURDAY	SUNDAY	NOTES
8 AM	:00				
	:15				
	:30				
	:45				
9 AM	:00				
	:15				
	:30				
	:45				
10 AM	:00				
	:15				
	:30				
	:45				
11 AM	:00				
	:15				
	:30				
	:45				
12 PM	:00				
	:15				
	:30				
	:45				
1 PM	:00				
	:15				
	:30				
	:45				
2 PM	:00				
	:15				
	:30				
	:45				
3 PM	:00				
	:15				
	:30				
	:45				
4 PM	:00				
	:15				
	:30				
	:45				
5 PM	:00				
	:15				
	:30				
	:45				
6 PM	:00				
	:15				
	:30				
	:45				
7 PM	:00				
	:15				
	:30				
	:45				

Week of ___ / ___

TIME		MONDAY	TUESDAY	WEDNESDAY	THURSDAY
8 AM	:00				
	:15				
	:30				
	:45				
9 AM	:00				
	:15				
	:30				
	:45				
10 AM	:00				
	:15				
	:30				
	:45				
11 AM	:00				
	:15				
	:30				
	:45				
12 PM	:00				
	:15				
	:30				
	:45				
1 PM	:00				
	:15				
	:30				
	:45				
2 PM	:00				
	:15				
	:30				
	:45				
3 PM	:00				
	:15				
	:30				
	:45				
4 PM	:00				
	:15				
	:30				
	:45				
5 PM	:00				
	:15				
	:30				
	:45				
6 PM	:00				
	:15				
	:30				
	:45				
7 PM	:00				
	:15				
	:30				
	:45				

Week of ___ / ___

TIME		FRIDAY	SATURDAY	SUNDAY	NOTES
8 AM	:00				
	:15				
	:30				
	:45				
9 AM	:00				
	:15				
	:30				
	:45				
10 AM	:00				
	:15				
	:30				
	:45				
11 AM	:00				
	:15				
	:30				
	:45				
12 PM	:00				
	:15				
	:30				
	:45				
1 PM	:00				
	:15				
	:30				
	:45				
2 PM	:00				
	:15				
	:30				
	:45				
3 PM	:00				
	:15				
	:30				
	:45				
4 PM	:00				
	:15				
	:30				
	:45				
5 PM	:00				
	:15				
	:30				
	:45				
6 PM	:00				
	:15				
	:30				
	:45				
7 PM	:00				
	:15				
	:30				
	:45				

Week of ___ / ___

TIME		MONDAY	TUESDAY	WEDNESDAY	THURSDAY
8 AM	:00				
	:15				
	:30				
	:45				
9 AM	:00				
	:15				
	:30				
	:45				
10 AM	:00				
	:15				
	:30				
	:45				
11 AM	:00				
	:15				
	:30				
	:45				
12 PM	:00				
	:15				
	:30				
	:45				
1 PM	:00				
	:15				
	:30				
	:45				
2 PM	:00				
	:15				
	:30				
	:45				
3 PM	:00				
	:15				
	:30				
	:45				
4 PM	:00				
	:15				
	:30				
	:45				
5 PM	:00				
	:15				
	:30				
	:45				
6 PM	:00				
	:15				
	:30				
	:45				
7 PM	:00				
	:15				
	:30				
	:45				

Week of ___ / ___

TIME		FRIDAY	SATURDAY	SUNDAY	NOTES
8 AM	:00				
	:15				
	:30				
	:45				
9 AM	:00				
	:15				
	:30				
	:45				
10 AM	:00				
	:15				
	:30				
	:45				
11 AM	:00				
	:15				
	:30				
	:45				
12 PM	:00				
	:15				
	:30				
	:45				
1 PM	:00				
	:15				
	:30				
	:45				
2 PM	:00				
	:15				
	:30				
	:45				
3 PM	:00				
	:15				
	:30				
	:45				
4 PM	:00				
	:15				
	:30				
	:45				
5 PM	:00				
	:15				
	:30				
	:45				
6 PM	:00				
	:15				
	:30				
	:45				
7 PM	:00				
	:15				
	:30				
	:45				

Week of ___ / ___

TIME		MONDAY	TUESDAY	WEDNESDAY	THURSDAY
8 AM	:00				
	:15				
	:30				
	:45				
9 AM	:00				
	:15				
	:30				
	:45				
10 AM	:00				
	:15				
	:30				
	:45				
11 AM	:00				
	:15				
	:30				
	:45				
12 PM	:00				
	:15				
	:30				
	:45				
1 PM	:00				
	:15				
	:30				
	:45				
2 PM	:00				
	:15				
	:30				
	:45				
3 PM	:00				
	:15				
	:30				
	:45				
4 PM	:00				
	:15				
	:30				
	:45				
5 PM	:00				
	:15				
	:30				
	:45				
6 PM	:00				
	:15				
	:30				
	:45				
7 PM	:00				
	:15				
	:30				
	:45				

Week of ___ / ___

TIME		FRIDAY	SATURDAY	SUNDAY	NOTES
8 AM	:00				
	:15				
	:30				
	:45				
9 AM	:00				
	:15				
	:30				
	:45				
10 AM	:00				
	:15				
	:30				
	:45				
11 AM	:00				
	:15				
	:30				
	:45				
12 PM	:00				
	:15				
	:30				
	:45				
1 PM	:00				
	:15				
	:30				
	:45				
2 PM	:00				
	:15				
	:30				
	:45				
3 PM	:00				
	:15				
	:30				
	:45				
4 PM	:00				
	:15				
	:30				
	:45				
5 PM	:00				
	:15				
	:30				
	:45				
6 PM	:00				
	:15				
	:30				
	:45				
7 PM	:00				
	:15				
	:30				
	:45				

Week of ___ / ___

TIME		MONDAY	TUESDAY	WEDNESDAY	THURSDAY
8 AM	:00				
	:15				
	:30				
	:45				
9 AM	:00				
	:15				
	:30				
	:45				
10 AM	:00				
	:15				
	:30				
	:45				
11 AM	:00				
	:15				
	:30				
	:45				
12 PM	:00				
	:15				
	:30				
	:45				
1 PM	:00				
	:15				
	:30				
	:45				
2 PM	:00				
	:15				
	:30				
	:45				
3 PM	:00				
	:15				
	:30				
	:45				
4 PM	:00				
	:15				
	:30				
	:45				
5 PM	:00				
	:15				
	:30				
	:45				
6 PM	:00				
	:15				
	:30				
	:45				
7 PM	:00				
	:15				
	:30				
	:45				

Week of ___ / ___

TIME		FRIDAY	SATURDAY	SUNDAY	NOTES
8 AM	:00				
	:15				
	:30				
	:45				
9 AM	:00				
	:15				
	:30				
	:45				
10 AM	:00				
	:15				
	:30				
	:45				
11 AM	:00				
	:15				
	:30				
	:45				
12 PM	:00				
	:15				
	:30				
	:45				
1 PM	:00				
	:15				
	:30				
	:45				
2 PM	:00				
	:15				
	:30				
	:45				
3 PM	:00				
	:15				
	:30				
	:45				
4 PM	:00				
	:15				
	:30				
	:45				
5 PM	:00				
	:15				
	:30				
	:45				
6 PM	:00				
	:15				
	:30				
	:45				
7 PM	:00				
	:15				
	:30				
	:45				

Week of ___ / ___

TIME		MONDAY	TUESDAY	WEDNESDAY	THURSDAY
8 AM	:00				
	:15				
	:30				
	:45				
9 AM	:00				
	:15				
	:30				
	:45				
10 AM	:00				
	:15				
	:30				
	:45				
11 AM	:00				
	:15				
	:30				
	:45				
12 PM	:00				
	:15				
	:30				
	:45				
1 PM	:00				
	:15				
	:30				
	:45				
2 PM	:00				
	:15				
	:30				
	:45				
3 PM	:00				
	:15				
	:30				
	:45				
4 PM	:00				
	:15				
	:30				
	:45				
5 PM	:00				
	:15				
	:30				
	:45				
6 PM	:00				
	:15				
	:30				
	:45				
7 PM	:00				
	:15				
	:30				
	:45				

Week of ___ / ___

TIME		FRIDAY	SATURDAY	SUNDAY	NOTES
8 AM	:00				
	:15				
	:30				
	:45				
9 AM	:00				
	:15				
	:30				
	:45				
10 AM	:00				
	:15				
	:30				
	:45				
11 AM	:00				
	:15				
	:30				
	:45				
12 PM	:00				
	:15				
	:30				
	:45				
1 PM	:00				
	:15				
	:30				
	:45				
2 PM	:00				
	:15				
	:30				
	:45				
3 PM	:00				
	:15				
	:30				
	:45				
4 PM	:00				
	:15				
	:30				
	:45				
5 PM	:00				
	:15				
	:30				
	:45				
6 PM	:00				
	:15				
	:30				
	:45				
7 PM	:00				
	:15				
	:30				
	:45				

Week of ___ / ___

TIME		MONDAY	TUESDAY	WEDNESDAY	THURSDAY
8 AM	:00				
	:15				
	:30				
	:45				
9 AM	:00				
	:15				
	:30				
	:45				
10 AM	:00				
	:15				
	:30				
	:45				
11 AM	:00				
	:15				
	:30				
	:45				
12 PM	:00				
	:15				
	:30				
	:45				
1 PM	:00				
	:15				
	:30				
	:45				
2 PM	:00				
	:15				
	:30				
	:45				
3 PM	:00				
	:15				
	:30				
	:45				
4 PM	:00				
	:15				
	:30				
	:45				
5 PM	:00				
	:15				
	:30				
	:45				
6 PM	:00				
	:15				
	:30				
	:45				
7 PM	:00				
	:15				
	:30				
	:45				

Week of ___ / ___

TIME		FRIDAY	SATURDAY	SUNDAY	NOTES
8 AM	:00				
	:15				
	:30				
	:45				
9 AM	:00				
	:15				
	:30				
	:45				
10 AM	:00				
	:15				
	:30				
	:45				
11 AM	:00				
	:15				
	:30				
	:45				
12 PM	:00				
	:15				
	:30				
	:45				
1 PM	:00				
	:15				
	:30				
	:45				
2 PM	:00				
	:15				
	:30				
	:45				
3 PM	:00				
	:15				
	:30				
	:45				
4 PM	:00				
	:15				
	:30				
	:45				
5 PM	:00				
	:15				
	:30				
	:45				
6 PM	:00				
	:15				
	:30				
	:45				
7 PM	:00				
	:15				
	:30				
	:45				

Week of ___ / ___

TIME		MONDAY	TUESDAY	WEDNESDAY	THURSDAY
8 AM	:00				
	:15				
	:30				
	:45				
9 AM	:00				
	:15				
	:30				
	:45				
10 AM	:00				
	:15				
	:30				
	:45				
11 AM	:00				
	:15				
	:30				
	:45				
12 PM	:00				
	:15				
	:30				
	:45				
1 PM	:00				
	:15				
	:30				
	:45				
2 PM	:00				
	:15				
	:30				
	:45				
3 PM	:00				
	:15				
	:30				
	:45				
4 PM	:00				
	:15				
	:30				
	:45				
5 PM	:00				
	:15				
	:30				
	:45				
6 PM	:00				
	:15				
	:30				
	:45				
7 PM	:00				
	:15				
	:30				
	:45				

Week of ___ / ___

TIME		FRIDAY	SATURDAY	SUNDAY	NOTES
8 AM	:00				
	:15				
	:30				
	:45				
9 AM	:00				
	:15				
	:30				
	:45				
10 AM	:00				
	:15				
	:30				
	:45				
11 AM	:00				
	:15				
	:30				
	:45				
12 PM	:00				
	:15				
	:30				
	:45				
1 PM	:00				
	:15				
	:30				
	:45				
2 PM	:00				
	:15				
	:30				
	:45				
3 PM	:00				
	:15				
	:30				
	:45				
4 PM	:00				
	:15				
	:30				
	:45				
5 PM	:00				
	:15				
	:30				
	:45				
6 PM	:00				
	:15				
	:30				
	:45				
7 PM	:00				
	:15				
	:30				
	:45				

Week of ___ / ___

TIME		MONDAY	TUESDAY	WEDNESDAY	THURSDAY
8 AM	:00				
	:15				
	:30				
	:45				
9 AM	:00				
	:15				
	:30				
	:45				
10 AM	:00				
	:15				
	:30				
	:45				
11 AM	:00				
	:15				
	:30				
	:45				
12 PM	:00				
	:15				
	:30				
	:45				
1 PM	:00				
	:15				
	:30				
	:45				
2 PM	:00				
	:15				
	:30				
	:45				
3 PM	:00				
	:15				
	:30				
	:45				
4 PM	:00				
	:15				
	:30				
	:45				
5 PM	:00				
	:15				
	:30				
	:45				
6 PM	:00				
	:15				
	:30				
	:45				
7 PM	:00				
	:15				
	:30				
	:45				

Week of ___ / ___

TIME		FRIDAY	SATURDAY	SUNDAY	NOTES
8 AM	:00				
	:15				
	:30				
	:45				
9 AM	:00				
	:15				
	:30				
	:45				
10 AM	:00				
	:15				
	:30				
	:45				
11 AM	:00				
	:15				
	:30				
	:45				
12 PM	:00				
	:15				
	:30				
	:45				
1 PM	:00				
	:15				
	:30				
	:45				
2 PM	:00				
	:15				
	:30				
	:45				
3 PM	:00				
	:15				
	:30				
	:45				
4 PM	:00				
	:15				
	:30				
	:45				
5 PM	:00				
	:15				
	:30				
	:45				
6 PM	:00				
	:15				
	:30				
	:45				
7 PM	:00				
	:15				
	:30				
	:45				

Week of ___ / ___

TIME		MONDAY	TUESDAY	WEDNESDAY	THURSDAY
8 AM	:00				
	:15				
	:30				
	:45				
9 AM	:00				
	:15				
	:30				
	:45				
10 AM	:00				
	:15				
	:30				
	:45				
11 AM	:00				
	:15				
	:30				
	:45				
12 PM	:00				
	:15				
	:30				
	:45				
1 PM	:00				
	:15				
	:30				
	:45				
2 PM	:00				
	:15				
	:30				
	:45				
3 PM	:00				
	:15				
	:30				
	:45				
4 PM	:00				
	:15				
	:30				
	:45				
5 PM	:00				
	:15				
	:30				
	:45				
6 PM	:00				
	:15				
	:30				
	:45				
7 PM	:00				
	:15				
	:30				
	:45				

Week of ___ / ___

TIME		FRIDAY	SATURDAY	SUNDAY	NOTES
8 AM	:00				
	:15				
	:30				
	:45				
9 AM	:00				
	:15				
	:30				
	:45				
10 AM	:00				
	:15				
	:30				
	:45				
11 AM	:00				
	:15				
	:30				
	:45				
12 PM	:00				
	:15				
	:30				
	:45				
1 PM	:00				
	:15				
	:30				
	:45				
2 PM	:00				
	:15				
	:30				
	:45				
3 PM	:00				
	:15				
	:30				
	:45				
4 PM	:00				
	:15				
	:30				
	:45				
5 PM	:00				
	:15				
	:30				
	:45				
6 PM	:00				
	:15				
	:30				
	:45				
7 PM	:00				
	:15				
	:30				
	:45				

Week of ___ / ___

TIME		MONDAY	TUESDAY	WEDNESDAY	THURSDAY
8 AM	:00				
	:15				
	:30				
	:45				
9 AM	:00				
	:15				
	:30				
	:45				
10 AM	:00				
	:15				
	:30				
	:45				
11 AM	:00				
	:15				
	:30				
	:45				
12 PM	:00				
	:15				
	:30				
	:45				
1 PM	:00				
	:15				
	:30				
	:45				
2 PM	:00				
	:15				
	:30				
	:45				
3 PM	:00				
	:15				
	:30				
	:45				
4 PM	:00				
	:15				
	:30				
	:45				
5 PM	:00				
	:15				
	:30				
	:45				
6 PM	:00				
	:15				
	:30				
	:45				
7 PM	:00				
	:15				
	:30				
	:45				

Week of ___ / ___

TIME		FRIDAY	SATURDAY	SUNDAY	NOTES
8 AM	:00				
	:15				
	:30				
	:45				
9 AM	:00				
	:15				
	:30				
	:45				
10 AM	:00				
	:15				
	:30				
	:45				
11 AM	:00				
	:15				
	:30				
	:45				
12 PM	:00				
	:15				
	:30				
	:45				
1 PM	:00				
	:15				
	:30				
	:45				
2 PM	:00				
	:15				
	:30				
	:45				
3 PM	:00				
	:15				
	:30				
	:45				
4 PM	:00				
	:15				
	:30				
	:45				
5 PM	:00				
	:15				
	:30				
	:45				
6 PM	:00				
	:15				
	:30				
	:45				
7 PM	:00				
	:15				
	:30				
	:45				

Week of ___ / ___

TIME		MONDAY	TUESDAY	WEDNESDAY	THURSDAY
8 AM	:00				
	:15				
	:30				
	:45				
9 AM	:00				
	:15				
	:30				
	:45				
10 AM	:00				
	:15				
	:30				
	:45				
11 AM	:00				
	:15				
	:30				
	:45				
12 PM	:00				
	:15				
	:30				
	:45				
1 PM	:00				
	:15				
	:30				
	:45				
2 PM	:00				
	:15				
	:30				
	:45				
3 PM	:00				
	:15				
	:30				
	:45				
4 PM	:00				
	:15				
	:30				
	:45				
5 PM	:00				
	:15				
	:30				
	:45				
6 PM	:00				
	:15				
	:30				
	:45				
7 PM	:00				
	:15				
	:30				
	:45				

Week of ___ / ___

TIME		FRIDAY	SATURDAY	SUNDAY	NOTES
8 AM	:00				
	:15				
	:30				
	:45				
9 AM	:00				
	:15				
	:30				
	:45				
10 AM	:00				
	:15				
	:30				
	:45				
11 AM	:00				
	:15				
	:30				
	:45				
12 PM	:00				
	:15				
	:30				
	:45				
1 PM	:00				
	:15				
	:30				
	:45				
2 PM	:00				
	:15				
	:30				
	:45				
3 PM	:00				
	:15				
	:30				
	:45				
4 PM	:00				
	:15				
	:30				
	:45				
5 PM	:00				
	:15				
	:30				
	:45				
6 PM	:00				
	:15				
	:30				
	:45				
7 PM	:00				
	:15				
	:30				
	:45				

Week of ___ / ___

TIME		MONDAY	TUESDAY	WEDNESDAY	THURSDAY
8 AM	:00				
	:15				
	:30				
	:45				
9 AM	:00				
	:15				
	:30				
	:45				
10 AM	:00				
	:15				
	:30				
	:45				
11 AM	:00				
	:15				
	:30				
	:45				
12 PM	:00				
	:15				
	:30				
	:45				
1 PM	:00				
	:15				
	:30				
	:45				
2 PM	:00				
	:15				
	:30				
	:45				
3 PM	:00				
	:15				
	:30				
	:45				
4 PM	:00				
	:15				
	:30				
	:45				
5 PM	:00				
	:15				
	:30				
	:45				
6 PM	:00				
	:15				
	:30				
	:45				
7 PM	:00				
	:15				
	:30				
	:45				

Week of ___ / ___

TIME		FRIDAY	SATURDAY	SUNDAY	NOTES
8 AM	:00				
	:15				
	:30				
	:45				
9 AM	:00				
	:15				
	:30				
	:45				
10 AM	:00				
	:15				
	:30				
	:45				
11 AM	:00				
	:15				
	:30				
	:45				
12 PM	:00				
	:15				
	:30				
	:45				
1 PM	:00				
	:15				
	:30				
	:45				
2 PM	:00				
	:15				
	:30				
	:45				
3 PM	:00				
	:15				
	:30				
	:45				
4 PM	:00				
	:15				
	:30				
	:45				
5 PM	:00				
	:15				
	:30				
	:45				
6 PM	:00				
	:15				
	:30				
	:45				
7 PM	:00				
	:15				
	:30				
	:45				

Week of ___ / ___

TIME		MONDAY	TUESDAY	WEDNESDAY	THURSDAY
8 AM	:00				
	:15				
	:30				
	:45				
9 AM	:00				
	:15				
	:30				
	:45				
10 AM	:00				
	:15				
	:30				
	:45				
11 AM	:00				
	:15				
	:30				
	:45				
12 PM	:00				
	:15				
	:30				
	:45				
1 PM	:00				
	:15				
	:30				
	:45				
2 PM	:00				
	:15				
	:30				
	:45				
3 PM	:00				
	:15				
	:30				
	:45				
4 PM	:00				
	:15				
	:30				
	:45				
5 PM	:00				
	:15				
	:30				
	:45				
6 PM	:00				
	:15				
	:30				
	:45				
7 PM	:00				
	:15				
	:30				
	:45				

Week of ___ / ___

TIME		FRIDAY	SATURDAY	SUNDAY	NOTES
8 AM	:00				
	:15				
	:30				
	:45				
9 AM	:00				
	:15				
	:30				
	:45				
10 AM	:00				
	:15				
	:30				
	:45				
11 AM	:00				
	:15				
	:30				
	:45				
12 PM	:00				
	:15				
	:30				
	:45				
1 PM	:00				
	:15				
	:30				
	:45				
2 PM	:00				
	:15				
	:30				
	:45				
3 PM	:00				
	:15				
	:30				
	:45				
4 PM	:00				
	:15				
	:30				
	:45				
5 PM	:00				
	:15				
	:30				
	:45				
6 PM	:00				
	:15				
	:30				
	:45				
7 PM	:00				
	:15				
	:30				
	:45				

Week of ___ / ___

TIME		MONDAY	TUESDAY	WEDNESDAY	THURSDAY
8 AM	:00				
	:15				
	:30				
	:45				
9 AM	:00				
	:15				
	:30				
	:45				
10 AM	:00				
	:15				
	:30				
	:45				
11 AM	:00				
	:15				
	:30				
	:45				
12 PM	:00				
	:15				
	:30				
	:45				
1 PM	:00				
	:15				
	:30				
	:45				
2 PM	:00				
	:15				
	:30				
	:45				
3 PM	:00				
	:15				
	:30				
	:45				
4 PM	:00				
	:15				
	:30				
	:45				
5 PM	:00				
	:15				
	:30				
	:45				
6 PM	:00				
	:15				
	:30				
	:45				
7 PM	:00				
	:15				
	:30				
	:45				

Week of ___ / ___

TIME		FRIDAY	SATURDAY	SUNDAY	NOTES
8 AM	:00				
	:15				
	:30				
	:45				
9 AM	:00				
	:15				
	:30				
	:45				
10 AM	:00				
	:15				
	:30				
	:45				
11 AM	:00				
	:15				
	:30				
	:45				
12 PM	:00				
	:15				
	:30				
	:45				
1 PM	:00				
	:15				
	:30				
	:45				
2 PM	:00				
	:15				
	:30				
	:45				
3 PM	:00				
	:15				
	:30				
	:45				
4 PM	:00				
	:15				
	:30				
	:45				
5 PM	:00				
	:15				
	:30				
	:45				
6 PM	:00				
	:15				
	:30				
	:45				
7 PM	:00				
	:15				
	:30				
	:45				

Week of ___ / ___

TIME		MONDAY	TUESDAY	WEDNESDAY	THURSDAY
8 AM	:00				
	:15				
	:30				
	:45				
9 AM	:00				
	:15				
	:30				
	:45				
10 AM	:00				
	:15				
	:30				
	:45				
11 AM	:00				
	:15				
	:30				
	:45				
12 PM	:00				
	:15				
	:30				
	:45				
1 PM	:00				
	:15				
	:30				
	:45				
2 PM	:00				
	:15				
	:30				
	:45				
3 PM	:00				
	:15				
	:30				
	:45				
4 PM	:00				
	:15				
	:30				
	:45				
5 PM	:00				
	:15				
	:30				
	:45				
6 PM	:00				
	:15				
	:30				
	:45				
7 PM	:00				
	:15				
	:30				
	:45				

Week of ___ / ___

TIME		FRIDAY	SATURDAY	SUNDAY	NOTES
8 AM	:00				
	:15				
	:30				
	:45				
9 AM	:00				
	:15				
	:30				
	:45				
10 AM	:00				
	:15				
	:30				
	:45				
11 AM	:00				
	:15				
	:30				
	:45				
12 PM	:00				
	:15				
	:30				
	:45				
1 PM	:00				
	:15				
	:30				
	:45				
2 PM	:00				
	:15				
	:30				
	:45				
3 PM	:00				
	:15				
	:30				
	:45				
4 PM	:00				
	:15				
	:30				
	:45				
5 PM	:00				
	:15				
	:30				
	:45				
6 PM	:00				
	:15				
	:30				
	:45				
7 PM	:00				
	:15				
	:30				
	:45				

Week of ___ / ___

TIME		MONDAY	TUESDAY	WEDNESDAY	THURSDAY
8 AM	:00				
	:15				
	:30				
	:45				
9 AM	:00				
	:15				
	:30				
	:45				
10 AM	:00				
	:15				
	:30				
	:45				
11 AM	:00				
	:15				
	:30				
	:45				
12 PM	:00				
	:15				
	:30				
	:45				
1 PM	:00				
	:15				
	:30				
	:45				
2 PM	:00				
	:15				
	:30				
	:45				
3 PM	:00				
	:15				
	:30				
	:45				
4 PM	:00				
	:15				
	:30				
	:45				
5 PM	:00				
	:15				
	:30				
	:45				
6 PM	:00				
	:15				
	:30				
	:45				
7 PM	:00				
	:15				
	:30				
	:45				

Week of ___ / ___

TIME		FRIDAY	SATURDAY	SUNDAY	NOTES
8 AM	:00				
	:15				
	:30				
	:45				
9 AM	:00				
	:15				
	:30				
	:45				
10 AM	:00				
	:15				
	:30				
	:45				
11 AM	:00				
	:15				
	:30				
	:45				
12 PM	:00				
	:15				
	:30				
	:45				
1 PM	:00				
	:15				
	:30				
	:45				
2 PM	:00				
	:15				
	:30				
	:45				
3 PM	:00				
	:15				
	:30				
	:45				
4 PM	:00				
	:15				
	:30				
	:45				
5 PM	:00				
	:15				
	:30				
	:45				
6 PM	:00				
	:15				
	:30				
	:45				
7 PM	:00				
	:15				
	:30				
	:45				

Week of ___ / ___

TIME		MONDAY	TUESDAY	WEDNESDAY	THURSDAY
8 AM	:00				
	:15				
	:30				
	:45				
9 AM	:00				
	:15				
	:30				
	:45				
10 AM	:00				
	:15				
	:30				
	:45				
11 AM	:00				
	:15				
	:30				
	:45				
12 PM	:00				
	:15				
	:30				
	:45				
1 PM	:00				
	:15				
	:30				
	:45				
2 PM	:00				
	:15				
	:30				
	:45				
3 PM	:00				
	:15				
	:30				
	:45				
4 PM	:00				
	:15				
	:30				
	:45				
5 PM	:00				
	:15				
	:30				
	:45				
6 PM	:00				
	:15				
	:30				
	:45				
7 PM	:00				
	:15				
	:30				
	:45				

Week of ___ / ___

TIME		FRIDAY	SATURDAY	SUNDAY	NOTES
8 AM	:00				
	:15				
	:30				
	:45				
9 AM	:00				
	:15				
	:30				
	:45				
10 AM	:00				
	:15				
	:30				
	:45				
11 AM	:00				
	:15				
	:30				
	:45				
12 PM	:00				
	:15				
	:30				
	:45				
1 PM	:00				
	:15				
	:30				
	:45				
2 PM	:00				
	:15				
	:30				
	:45				
3 PM	:00				
	:15				
	:30				
	:45				
4 PM	:00				
	:15				
	:30				
	:45				
5 PM	:00				
	:15				
	:30				
	:45				
6 PM	:00				
	:15				
	:30				
	:45				
7 PM	:00				
	:15				
	:30				
	:45				

Week of ___ / ___

TIME		MONDAY	TUESDAY	WEDNESDAY	THURSDAY
8 AM	:00				
	:15				
	:30				
	:45				
9 AM	:00				
	:15				
	:30				
	:45				
10 AM	:00				
	:15				
	:30				
	:45				
11 AM	:00				
	:15				
	:30				
	:45				
12 PM	:00				
	:15				
	:30				
	:45				
1 PM	:00				
	:15				
	:30				
	:45				
2 PM	:00				
	:15				
	:30				
	:45				
3 PM	:00				
	:15				
	:30				
	:45				
4 PM	:00				
	:15				
	:30				
	:45				
5 PM	:00				
	:15				
	:30				
	:45				
6 PM	:00				
	:15				
	:30				
	:45				
7 PM	:00				
	:15				
	:30				
	:45				

Week of ___ / ___

TIME		FRIDAY	SATURDAY	SUNDAY	NOTES
8 AM	:00				
	:15				
	:30				
	:45				
9 AM	:00				
	:15				
	:30				
	:45				
10 AM	:00				
	:15				
	:30				
	:45				
11 AM	:00				
	:15				
	:30				
	:45				
12 PM	:00				
	:15				
	:30				
	:45				
1 PM	:00				
	:15				
	:30				
	:45				
2 PM	:00				
	:15				
	:30				
	:45				
3 PM	:00				
	:15				
	:30				
	:45				
4 PM	:00				
	:15				
	:30				
	:45				
5 PM	:00				
	:15				
	:30				
	:45				
6 PM	:00				
	:15				
	:30				
	:45				
7 PM	:00				
	:15				
	:30				
	:45				

Week of ___ / ___

TIME		MONDAY	TUESDAY	WEDNESDAY	THURSDAY
8 AM	:00				
	:15				
	:30				
	:45				
9 AM	:00				
	:15				
	:30				
	:45				
10 AM	:00				
	:15				
	:30				
	:45				
11 AM	:00				
	:15				
	:30				
	:45				
12 PM	:00				
	:15				
	:30				
	:45				
1 PM	:00				
	:15				
	:30				
	:45				
2 PM	:00				
	:15				
	:30				
	:45				
3 PM	:00				
	:15				
	:30				
	:45				
4 PM	:00				
	:15				
	:30				
	:45				
5 PM	:00				
	:15				
	:30				
	:45				
6 PM	:00				
	:15				
	:30				
	:45				
7 PM	:00				
	:15				
	:30				
	:45				

Week of ___ / ___

TIME		FRIDAY	SATURDAY	SUNDAY	NOTES
8 AM	:00				
	:15				
	:30				
	:45				
9 AM	:00				
	:15				
	:30				
	:45				
10 AM	:00				
	:15				
	:30				
	:45				
11 AM	:00				
	:15				
	:30				
	:45				
12 PM	:00				
	:15				
	:30				
	:45				
1 PM	:00				
	:15				
	:30				
	:45				
2 PM	:00				
	:15				
	:30				
	:45				
3 PM	:00				
	:15				
	:30				
	:45				
4 PM	:00				
	:15				
	:30				
	:45				
5 PM	:00				
	:15				
	:30				
	:45				
6 PM	:00				
	:15				
	:30				
	:45				
7 PM	:00				
	:15				
	:30				
	:45				

Week of ___ / ___

TIME		MONDAY	TUESDAY	WEDNESDAY	THURSDAY
8 AM	:00				
	:15				
	:30				
	:45				
9 AM	:00				
	:15				
	:30				
	:45				
10 AM	:00				
	:15				
	:30				
	:45				
11 AM	:00				
	:15				
	:30				
	:45				
12 PM	:00				
	:15				
	:30				
	:45				
1 PM	:00				
	:15				
	:30				
	:45				
2 PM	:00				
	:15				
	:30				
	:45				
3 PM	:00				
	:15				
	:30				
	:45				
4 PM	:00				
	:15				
	:30				
	:45				
5 PM	:00				
	:15				
	:30				
	:45				
6 PM	:00				
	:15				
	:30				
	:45				
7 PM	:00				
	:15				
	:30				
	:45				

Week of ___ / ___

TIME		FRIDAY	SATURDAY	SUNDAY	NOTES
8 AM	:00				
	:15				
	:30				
	:45				
9 AM	:00				
	:15				
	:30				
	:45				
10 AM	:00				
	:15				
	:30				
	:45				
11 AM	:00				
	:15				
	:30				
	:45				
12 PM	:00				
	:15				
	:30				
	:45				
1 PM	:00				
	:15				
	:30				
	:45				
2 PM	:00				
	:15				
	:30				
	:45				
3 PM	:00				
	:15				
	:30				
	:45				
4 PM	:00				
	:15				
	:30				
	:45				
5 PM	:00				
	:15				
	:30				
	:45				
6 PM	:00				
	:15				
	:30				
	:45				
7 PM	:00				
	:15				
	:30				
	:45				

Week of ___ / ___

TIME		MONDAY	TUESDAY	WEDNESDAY	THURSDAY
8 AM	:00				
	:15				
	:30				
	:45				
9 AM	:00				
	:15				
	:30				
	:45				
10 AM	:00				
	:15				
	:30				
	:45				
11 AM	:00				
	:15				
	:30				
	:45				
12 PM	:00				
	:15				
	:30				
	:45				
1 PM	:00				
	:15				
	:30				
	:45				
2 PM	:00				
	:15				
	:30				
	:45				
3 PM	:00				
	:15				
	:30				
	:45				
4 PM	:00				
	:15				
	:30				
	:45				
5 PM	:00				
	:15				
	:30				
	:45				
6 PM	:00				
	:15				
	:30				
	:45				
7 PM	:00				
	:15				
	:30				
	:45				

Week of ___ / ___

TIME		FRIDAY	SATURDAY	SUNDAY	NOTES
8 AM	:00				
	:15				
	:30				
	:45				
9 AM	:00				
	:15				
	:30				
	:45				
10 AM	:00				
	:15				
	:30				
	:45				
11 AM	:00				
	:15				
	:30				
	:45				
12 PM	:00				
	:15				
	:30				
	:45				
1 PM	:00				
	:15				
	:30				
	:45				
2 PM	:00				
	:15				
	:30				
	:45				
3 PM	:00				
	:15				
	:30				
	:45				
4 PM	:00				
	:15				
	:30				
	:45				
5 PM	:00				
	:15				
	:30				
	:45				
6 PM	:00				
	:15				
	:30				
	:45				
7 PM	:00				
	:15				
	:30				
	:45				

Week of ___ / ___

TIME		MONDAY	TUESDAY	WEDNESDAY	THURSDAY
8 AM	:00				
	:15				
	:30				
	:45				
9 AM	:00				
	:15				
	:30				
	:45				
10 AM	:00				
	:15				
	:30				
	:45				
11 AM	:00				
	:15				
	:30				
	:45				
12 PM	:00				
	:15				
	:30				
	:45				
1 PM	:00				
	:15				
	:30				
	:45				
2 PM	:00				
	:15				
	:30				
	:45				
3 PM	:00				
	:15				
	:30				
	:45				
4 PM	:00				
	:15				
	:30				
	:45				
5 PM	:00				
	:15				
	:30				
	:45				
6 PM	:00				
	:15				
	:30				
	:45				
7 PM	:00				
	:15				
	:30				
	:45				

Week of ___ / ___

TIME		FRIDAY	SATURDAY	SUNDAY	NOTES
8 AM	:00				
	:15				
	:30				
	:45				
9 AM	:00				
	:15				
	:30				
	:45				
10 AM	:00				
	:15				
	:30				
	:45				
11 AM	:00				
	:15				
	:30				
	:45				
12 PM	:00				
	:15				
	:30				
	:45				
1 PM	:00				
	:15				
	:30				
	:45				
2 PM	:00				
	:15				
	:30				
	:45				
3 PM	:00				
	:15				
	:30				
	:45				
4 PM	:00				
	:15				
	:30				
	:45				
5 PM	:00				
	:15				
	:30				
	:45				
6 PM	:00				
	:15				
	:30				
	:45				
7 PM	:00				
	:15				
	:30				
	:45				

Week of ___ / ___

TIME		MONDAY	TUESDAY	WEDNESDAY	THURSDAY
8 AM	:00				
	:15				
	:30				
	:45				
9 AM	:00				
	:15				
	:30				
	:45				
10 AM	:00				
	:15				
	:30				
	:45				
11 AM	:00				
	:15				
	:30				
	:45				
12 PM	:00				
	:15				
	:30				
	:45				
1 PM	:00				
	:15				
	:30				
	:45				
2 PM	:00				
	:15				
	:30				
	:45				
3 PM	:00				
	:15				
	:30				
	:45				
4 PM	:00				
	:15				
	:30				
	:45				
5 PM	:00				
	:15				
	:30				
	:45				
6 PM	:00				
	:15				
	:30				
	:45				
7 PM	:00				
	:15				
	:30				
	:45				

Week of ___ / ___

TIME		FRIDAY	SATURDAY	SUNDAY	NOTES
8 AM	:00				
	:15				
	:30				
	:45				
9 AM	:00				
	:15				
	:30				
	:45				
10 AM	:00				
	:15				
	:30				
	:45				
11 AM	:00				
	:15				
	:30				
	:45				
12 PM	:00				
	:15				
	:30				
	:45				
1 PM	:00				
	:15				
	:30				
	:45				
2 PM	:00				
	:15				
	:30				
	:45				
3 PM	:00				
	:15				
	:30				
	:45				
4 PM	:00				
	:15				
	:30				
	:45				
5 PM	:00				
	:15				
	:30				
	:45				
6 PM	:00				
	:15				
	:30				
	:45				
7 PM	:00				
	:15				
	:30				
	:45				

Week of ___ / ___

TIME		MONDAY	TUESDAY	WEDNESDAY	THURSDAY
8 AM	:00				
	:15				
	:30				
	:45				
9 AM	:00				
	:15				
	:30				
	:45				
10 AM	:00				
	:15				
	:30				
	:45				
11 AM	:00				
	:15				
	:30				
	:45				
12 PM	:00				
	:15				
	:30				
	:45				
1 PM	:00				
	:15				
	:30				
	:45				
2 PM	:00				
	:15				
	:30				
	:45				
3 PM	:00				
	:15				
	:30				
	:45				
4 PM	:00				
	:15				
	:30				
	:45				
5 PM	:00				
	:15				
	:30				
	:45				
6 PM	:00				
	:15				
	:30				
	:45				
7 PM	:00				
	:15				
	:30				
	:45				

Week of ___ / ___

TIME		FRIDAY	SATURDAY	SUNDAY	NOTES
8 AM	:00				
	:15				
	:30				
	:45				
9 AM	:00				
	:15				
	:30				
	:45				
10 AM	:00				
	:15				
	:30				
	:45				
11 AM	:00				
	:15				
	:30				
	:45				
12 PM	:00				
	:15				
	:30				
	:45				
1 PM	:00				
	:15				
	:30				
	:45				
2 PM	:00				
	:15				
	:30				
	:45				
3 PM	:00				
	:15				
	:30				
	:45				
4 PM	:00				
	:15				
	:30				
	:45				
5 PM	:00				
	:15				
	:30				
	:45				
6 PM	:00				
	:15				
	:30				
	:45				
7 PM	:00				
	:15				
	:30				
	:45				

Week of ___ / ___

TIME		MONDAY	TUESDAY	WEDNESDAY	THURSDAY
8 AM	:00				
	:15				
	:30				
	:45				
9 AM	:00				
	:15				
	:30				
	:45				
10 AM	:00				
	:15				
	:30				
	:45				
11 AM	:00				
	:15				
	:30				
	:45				
12 PM	:00				
	:15				
	:30				
	:45				
1 PM	:00				
	:15				
	:30				
	:45				
2 PM	:00				
	:15				
	:30				
	:45				
3 PM	:00				
	:15				
	:30				
	:45				
4 PM	:00				
	:15				
	:30				
	:45				
5 PM	:00				
	:15				
	:30				
	:45				
6 PM	:00				
	:15				
	:30				
	:45				
7 PM	:00				
	:15				
	:30				
	:45				

Week of ___ / ___

TIME		FRIDAY	SATURDAY	SUNDAY	NOTES
8 AM	:00				
	:15				
	:30				
	:45				
9 AM	:00				
	:15				
	:30				
	:45				
10 AM	:00				
	:15				
	:30				
	:45				
11 AM	:00				
	:15				
	:30				
	:45				
12 PM	:00				
	:15				
	:30				
	:45				
1 PM	:00				
	:15				
	:30				
	:45				
2 PM	:00				
	:15				
	:30				
	:45				
3 PM	:00				
	:15				
	:30				
	:45				
4 PM	:00				
	:15				
	:30				
	:45				
5 PM	:00				
	:15				
	:30				
	:45				
6 PM	:00				
	:15				
	:30				
	:45				
7 PM	:00				
	:15				
	:30				
	:45				

Week of ___ / ___

TIME		MONDAY	TUESDAY	WEDNESDAY	THURSDAY
8 AM	:00				
	:15				
	:30				
	:45				
9 AM	:00				
	:15				
	:30				
	:45				
10 AM	:00				
	:15				
	:30				
	:45				
11 AM	:00				
	:15				
	:30				
	:45				
12 PM	:00				
	:15				
	:30				
	:45				
1 PM	:00				
	:15				
	:30				
	:45				
2 PM	:00				
	:15				
	:30				
	:45				
3 PM	:00				
	:15				
	:30				
	:45				
4 PM	:00				
	:15				
	:30				
	:45				
5 PM	:00				
	:15				
	:30				
	:45				
6 PM	:00				
	:15				
	:30				
	:45				
7 PM	:00				
	:15				
	:30				
	:45				

Week of ___ / ___

TIME		FRIDAY	SATURDAY	SUNDAY	NOTES
8 AM	:00				
	:15				
	:30				
	:45				
9 AM	:00				
	:15				
	:30				
	:45				
10 AM	:00				
	:15				
	:30				
	:45				
11 AM	:00				
	:15				
	:30				
	:45				
12 PM	:00				
	:15				
	:30				
	:45				
1 PM	:00				
	:15				
	:30				
	:45				
2 PM	:00				
	:15				
	:30				
	:45				
3 PM	:00				
	:15				
	:30				
	:45				
4 PM	:00				
	:15				
	:30				
	:45				
5 PM	:00				
	:15				
	:30				
	:45				
6 PM	:00				
	:15				
	:30				
	:45				
7 PM	:00				
	:15				
	:30				
	:45				

Week of ___ / ___

TIME		MONDAY	TUESDAY	WEDNESDAY	THURSDAY
8 AM	:00				
	:15				
	:30				
	:45				
9 AM	:00				
	:15				
	:30				
	:45				
10 AM	:00				
	:15				
	:30				
	:45				
11 AM	:00				
	:15				
	:30				
	:45				
12 PM	:00				
	:15				
	:30				
	:45				
1 PM	:00				
	:15				
	:30				
	:45				
2 PM	:00				
	:15				
	:30				
	:45				
3 PM	:00				
	:15				
	:30				
	:45				
4 PM	:00				
	:15				
	:30				
	:45				
5 PM	:00				
	:15				
	:30				
	:45				
6 PM	:00				
	:15				
	:30				
	:45				
7 PM	:00				
	:15				
	:30				
	:45				

Week of ___ / ___

TIME		FRIDAY	SATURDAY	SUNDAY	NOTES
8 AM	:00				
	:15				
	:30				
	:45				
9 AM	:00				
	:15				
	:30				
	:45				
10 AM	:00				
	:15				
	:30				
	:45				
11 AM	:00				
	:15				
	:30				
	:45				
12 PM	:00				
	:15				
	:30				
	:45				
1 PM	:00				
	:15				
	:30				
	:45				
2 PM	:00				
	:15				
	:30				
	:45				
3 PM	:00				
	:15				
	:30				
	:45				
4 PM	:00				
	:15				
	:30				
	:45				
5 PM	:00				
	:15				
	:30				
	:45				
6 PM	:00				
	:15				
	:30				
	:45				
7 PM	:00				
	:15				
	:30				
	:45				

Week of ___ / ___

TIME		MONDAY	TUESDAY	WEDNESDAY	THURSDAY
8 AM	:00				
	:15				
	:30				
	:45				
9 AM	:00				
	:15				
	:30				
	:45				
10 AM	:00				
	:15				
	:30				
	:45				
11 AM	:00				
	:15				
	:30				
	:45				
12 PM	:00				
	:15				
	:30				
	:45				
1 PM	:00				
	:15				
	:30				
	:45				
2 PM	:00				
	:15				
	:30				
	:45				
3 PM	:00				
	:15				
	:30				
	:45				
4 PM	:00				
	:15				
	:30				
	:45				
5 PM	:00				
	:15				
	:30				
	:45				
6 PM	:00				
	:15				
	:30				
	:45				
7 PM	:00				
	:15				
	:30				
	:45				

Week of ___ / ___

TIME		FRIDAY	SATURDAY	SUNDAY	NOTES
8 AM	:00				
	:15				
	:30				
	:45				
9 AM	:00				
	:15				
	:30				
	:45				
10 AM	:00				
	:15				
	:30				
	:45				
11 AM	:00				
	:15				
	:30				
	:45				
12 PM	:00				
	:15				
	:30				
	:45				
1 PM	:00				
	:15				
	:30				
	:45				
2 PM	:00				
	:15				
	:30				
	:45				
3 PM	:00				
	:15				
	:30				
	:45				
4 PM	:00				
	:15				
	:30				
	:45				
5 PM	:00				
	:15				
	:30				
	:45				
6 PM	:00				
	:15				
	:30				
	:45				
7 PM	:00				
	:15				
	:30				
	:45				

Week of ___ / ___

TIME		MONDAY	TUESDAY	WEDNESDAY	THURSDAY
8 AM	:00				
	:15				
	:30				
	:45				
9 AM	:00				
	:15				
	:30				
	:45				
10 AM	:00				
	:15				
	:30				
	:45				
11 AM	:00				
	:15				
	:30				
	:45				
12 PM	:00				
	:15				
	:30				
	:45				
1 PM	:00				
	:15				
	:30				
	:45				
2 PM	:00				
	:15				
	:30				
	:45				
3 PM	:00				
	:15				
	:30				
	:45				
4 PM	:00				
	:15				
	:30				
	:45				
5 PM	:00				
	:15				
	:30				
	:45				
6 PM	:00				
	:15				
	:30				
	:45				
7 PM	:00				
	:15				
	:30				
	:45				

Week of ___ / ___

TIME		FRIDAY	SATURDAY	SUNDAY	NOTES
8 AM	:00				
	:15				
	:30				
	:45				
9 AM	:00				
	:15				
	:30				
	:45				
10 AM	:00				
	:15				
	:30				
	:45				
11 AM	:00				
	:15				
	:30				
	:45				
12 PM	:00				
	:15				
	:30				
	:45				
1 PM	:00				
	:15				
	:30				
	:45				
2 PM	:00				
	:15				
	:30				
	:45				
3 PM	:00				
	:15				
	:30				
	:45				
4 PM	:00				
	:15				
	:30				
	:45				
5 PM	:00				
	:15				
	:30				
	:45				
6 PM	:00				
	:15				
	:30				
	:45				
7 PM	:00				
	:15				
	:30				
	:45				

Week of ___ / ___

TIME		MONDAY	TUESDAY	WEDNESDAY	THURSDAY
8 AM	:00				
	:15				
	:30				
	:45				
9 AM	:00				
	:15				
	:30				
	:45				
10 AM	:00				
	:15				
	:30				
	:45				
11 AM	:00				
	:15				
	:30				
	:45				
12 PM	:00				
	:15				
	:30				
	:45				
1 PM	:00				
	:15				
	:30				
	:45				
2 PM	:00				
	:15				
	:30				
	:45				
3 PM	:00				
	:15				
	:30				
	:45				
4 PM	:00				
	:15				
	:30				
	:45				
5 PM	:00				
	:15				
	:30				
	:45				
6 PM	:00				
	:15				
	:30				
	:45				
7 PM	:00				
	:15				
	:30				
	:45				

Week of ___ / ___

TIME		FRIDAY	SATURDAY	SUNDAY	NOTES
8 AM	:00				
	:15				
	:30				
	:45				
9 AM	:00				
	:15				
	:30				
	:45				
10 AM	:00				
	:15				
	:30				
	:45				
11 AM	:00				
	:15				
	:30				
	:45				
12 PM	:00				
	:15				
	:30				
	:45				
1 PM	:00				
	:15				
	:30				
	:45				
2 PM	:00				
	:15				
	:30				
	:45				
3 PM	:00				
	:15				
	:30				
	:45				
4 PM	:00				
	:15				
	:30				
	:45				
5 PM	:00				
	:15				
	:30				
	:45				
6 PM	:00				
	:15				
	:30				
	:45				
7 PM	:00				
	:15				
	:30				
	:45				

Week of ___ / ___

TIME		MONDAY	TUESDAY	WEDNESDAY	THURSDAY
8 AM	:00				
	:15				
	:30				
	:45				
9 AM	:00				
	:15				
	:30				
	:45				
10 AM	:00				
	:15				
	:30				
	:45				
11 AM	:00				
	:15				
	:30				
	:45				
12 PM	:00				
	:15				
	:30				
	:45				
1 PM	:00				
	:15				
	:30				
	:45				
2 PM	:00				
	:15				
	:30				
	:45				
3 PM	:00				
	:15				
	:30				
	:45				
4 PM	:00				
	:15				
	:30				
	:45				
5 PM	:00				
	:15				
	:30				
	:45				
6 PM	:00				
	:15				
	:30				
	:45				
7 PM	:00				
	:15				
	:30				
	:45				

Week of ___ / ___

TIME		FRIDAY	SATURDAY	SUNDAY	NOTES
8 AM	:00				
	:15				
	:30				
	:45				
9 AM	:00				
	:15				
	:30				
	:45				
10 AM	:00				
	:15				
	:30				
	:45				
11 AM	:00				
	:15				
	:30				
	:45				
12 PM	:00				
	:15				
	:30				
	:45				
1 PM	:00				
	:15				
	:30				
	:45				
2 PM	:00				
	:15				
	:30				
	:45				
3 PM	:00				
	:15				
	:30				
	:45				
4 PM	:00				
	:15				
	:30				
	:45				
5 PM	:00				
	:15				
	:30				
	:45				
6 PM	:00				
	:15				
	:30				
	:45				
7 PM	:00				
	:15				
	:30				
	:45				

Week of ___ / ___

TIME		MONDAY	TUESDAY	WEDNESDAY	THURSDAY
8 AM	:00				
	:15				
	:30				
	:45				
9 AM	:00				
	:15				
	:30				
	:45				
10 AM	:00				
	:15				
	:30				
	:45				
11 AM	:00				
	:15				
	:30				
	:45				
12 PM	:00				
	:15				
	:30				
	:45				
1 PM	:00				
	:15				
	:30				
	:45				
2 PM	:00				
	:15				
	:30				
	:45				
3 PM	:00				
	:15				
	:30				
	:45				
4 PM	:00				
	:15				
	:30				
	:45				
5 PM	:00				
	:15				
	:30				
	:45				
6 PM	:00				
	:15				
	:30				
	:45				
7 PM	:00				
	:15				
	:30				
	:45				

Week of ___ / ___

TIME		FRIDAY	SATURDAY	SUNDAY	NOTES
8 AM	:00				
	:15				
	:30				
	:45				
9 AM	:00				
	:15				
	:30				
	:45				
10 AM	:00				
	:15				
	:30				
	:45				
11 AM	:00				
	:15				
	:30				
	:45				
12 PM	:00				
	:15				
	:30				
	:45				
1 PM	:00				
	:15				
	:30				
	:45				
2 PM	:00				
	:15				
	:30				
	:45				
3 PM	:00				
	:15				
	:30				
	:45				
4 PM	:00				
	:15				
	:30				
	:45				
5 PM	:00				
	:15				
	:30				
	:45				
6 PM	:00				
	:15				
	:30				
	:45				
7 PM	:00				
	:15				
	:30				
	:45				

Week of ___ / ___

TIME		MONDAY	TUESDAY	WEDNESDAY	THURSDAY
8 AM	:00				
	:15				
	:30				
	:45				
9 AM	:00				
	:15				
	:30				
	:45				
10 AM	:00				
	:15				
	:30				
	:45				
11 AM	:00				
	:15				
	:30				
	:45				
12 PM	:00				
	:15				
	:30				
	:45				
1 PM	:00				
	:15				
	:30				
	:45				
2 PM	:00				
	:15				
	:30				
	:45				
3 PM	:00				
	:15				
	:30				
	:45				
4 PM	:00				
	:15				
	:30				
	:45				
5 PM	:00				
	:15				
	:30				
	:45				
6 PM	:00				
	:15				
	:30				
	:45				
7 PM	:00				
	:15				
	:30				
	:45				

Week of ___ / ___

TIME		FRIDAY	SATURDAY	SUNDAY	NOTES
8 AM	:00				
	:15				
	:30				
	:45				
9 AM	:00				
	:15				
	:30				
	:45				
10 AM	:00				
	:15				
	:30				
	:45				
11 AM	:00				
	:15				
	:30				
	:45				
12 PM	:00				
	:15				
	:30				
	:45				
1 PM	:00				
	:15				
	:30				
	:45				
2 PM	:00				
	:15				
	:30				
	:45				
3 PM	:00				
	:15				
	:30				
	:45				
4 PM	:00				
	:15				
	:30				
	:45				
5 PM	:00				
	:15				
	:30				
	:45				
6 PM	:00				
	:15				
	:30				
	:45				
7 PM	:00				
	:15				
	:30				
	:45				

Week of ___ / ___

TIME		MONDAY	TUESDAY	WEDNESDAY	THURSDAY
8 AM	:00				
	:15				
	:30				
	:45				
9 AM	:00				
	:15				
	:30				
	:45				
10 AM	:00				
	:15				
	:30				
	:45				
11 AM	:00				
	:15				
	:30				
	:45				
12 PM	:00				
	:15				
	:30				
	:45				
1 PM	:00				
	:15				
	:30				
	:45				
2 PM	:00				
	:15				
	:30				
	:45				
3 PM	:00				
	:15				
	:30				
	:45				
4 PM	:00				
	:15				
	:30				
	:45				
5 PM	:00				
	:15				
	:30				
	:45				
6 PM	:00				
	:15				
	:30				
	:45				
7 PM	:00				
	:15				
	:30				
	:45				

Week of ___ / ___

TIME		FRIDAY	SATURDAY	SUNDAY	NOTES
8 AM	:00				
	:15				
	:30				
	:45				
9 AM	:00				
	:15				
	:30				
	:45				
10 AM	:00				
	:15				
	:30				
	:45				
11 AM	:00				
	:15				
	:30				
	:45				
12 PM	:00				
	:15				
	:30				
	:45				
1 PM	:00				
	:15				
	:30				
	:45				
2 PM	:00				
	:15				
	:30				
	:45				
3 PM	:00				
	:15				
	:30				
	:45				
4 PM	:00				
	:15				
	:30				
	:45				
5 PM	:00				
	:15				
	:30				
	:45				
6 PM	:00				
	:15				
	:30				
	:45				
7 PM	:00				
	:15				
	:30				
	:45				

Week of ___ / ___

TIME		MONDAY	TUESDAY	WEDNESDAY	THURSDAY
8 AM	:00				
	:15				
	:30				
	:45				
9 AM	:00				
	:15				
	:30				
	:45				
10 AM	:00				
	:15				
	:30				
	:45				
11 AM	:00				
	:15				
	:30				
	:45				
12 PM	:00				
	:15				
	:30				
	:45				
1 PM	:00				
	:15				
	:30				
	:45				
2 PM	:00				
	:15				
	:30				
	:45				
3 PM	:00				
	:15				
	:30				
	:45				
4 PM	:00				
	:15				
	:30				
	:45				
5 PM	:00				
	:15				
	:30				
	:45				
6 PM	:00				
	:15				
	:30				
	:45				
7 PM	:00				
	:15				
	:30				
	:45				

Week of ___ / ___

TIME		FRIDAY	SATURDAY	SUNDAY	NOTES
8 AM	:00				
	:15				
	:30				
	:45				
9 AM	:00				
	:15				
	:30				
	:45				
10 AM	:00				
	:15				
	:30				
	:45				
11 AM	:00				
	:15				
	:30				
	:45				
12 PM	:00				
	:15				
	:30				
	:45				
1 PM	:00				
	:15				
	:30				
	:45				
2 PM	:00				
	:15				
	:30				
	:45				
3 PM	:00				
	:15				
	:30				
	:45				
4 PM	:00				
	:15				
	:30				
	:45				
5 PM	:00				
	:15				
	:30				
	:45				
6 PM	:00				
	:15				
	:30				
	:45				
7 PM	:00				
	:15				
	:30				
	:45				

Made in the USA
Middletown, DE
01 January 2021